ABUELO IS IN HEAVEN NOW

Based on a true story

Published by Spines
ISBN: 979-8-89383-369-0

ABUELO IS IN HEAVEN NOW

Based on a true story

Corina Cruz

Thank you, Lord, for allowing me to put this in written form
&
Thank you, Aria Harmony Sweet and Emelinda Maria Medina,
for inspiring me with this beautiful story.

Do you have a grandfather?
Do you have two?
Do you have more than two?
Grandfathers really love us.
My cousin Aria and I have a grandfather too

¿Tienes tu un abuelo?
¿Tienes dos o más abuelos?
¡Los abuelos nos aman tanto!
Nosotras tenemos un abuelo especial.

My name is Emelinda Maria, but everyone calls me Emme. I have a cousin, who is also my best friend. Her name is Aria Harmony.

Mi nombre es Emelinda Maria, pero todos me llaman Emme. Tengo una prima que es también mi mejor amiguita, su nombre es Aria Harmony y nos gusta jugar siempre juntas.

We had a very, very special abuelo. Abuelo is grandfather in Spanish.

He is really our great-grandfather, but we call him abuelo. His name is Ismael Adolfo Christian.
He was not able to see us because he was blind.
If you close your eyes for a little while you will see what he saw. Yes, all dark.

That is what he saw with his eyes open or closed.

All dark, all the time.

Teníamos el mejor abuelo del mundo. Su nombre, Ismael Adolfo Christian.

Él no podia ver, pues era ciego. Si cierras tus ojitos por un momento verás lo que él veía siempre.

Sí, eso es, todo oscuro.

Él veía todo oscuro con los ojos abiertos o con ellos cerrados.

Abuelo taught me to say this powerful
prayer. "Abuelo is asking Father God
to give Emelinda Maria a double portion
of intelligence and wisdom
in Christ Jesus. Amen."

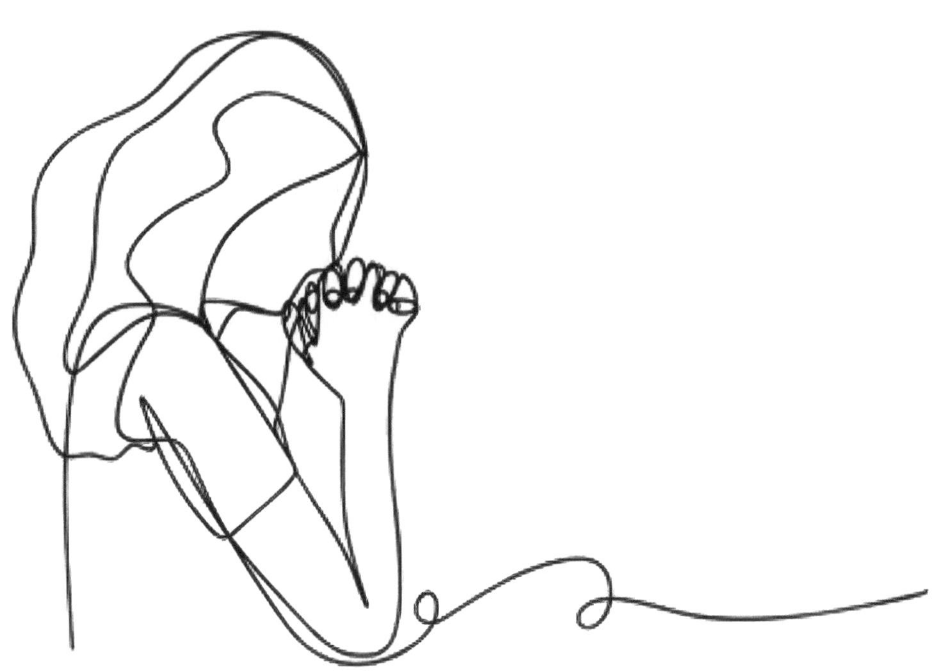

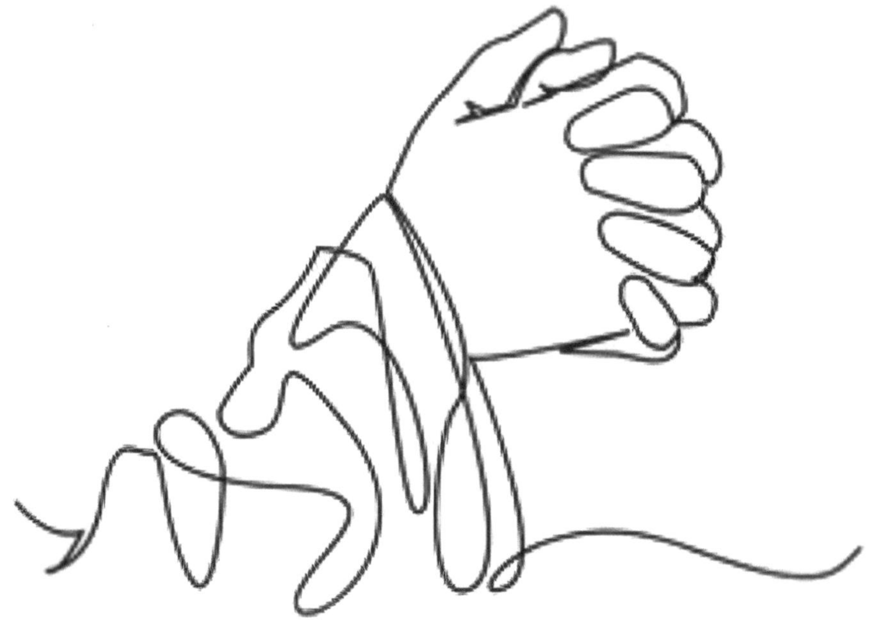

Abuelo me enseñó a orar esta oración poderosa. "Abuelo le pide a Papá Dios que le de a Emelinda Maria una doble porción de inteligencia y sabiduría. En Cristo Jesús. Amén."

My cousin and best friend, Aria,
was a bit afraid of abuelo's deep, loud,
and forceful voice, so most of the time
she stayed away. Sometimes she would
go into his room and in her very soft
voice would say, "Hi abuelo."

Aria, mi prima y amiguita, le temía
a la voz fuerte y ronca de abuelo,
por eso se mantenía alejada de él.
Algunas veces se acercaba a la puerta
de su habitación y tímidamente
susurraba, "Hola abuelo."

One day, my mom told me that abuelo was very sick and soon would go to heaven to be with Jesus because he was very sick and feeling very tired.
I was so very sad. I cried and cried; I did not want him to go away. I was going to miss him so very much.

Un día, mi mamá me dijo que abuelo pronto se iría
al Cielo para estar con Jesús, porque se acercaba
el tiempo para que él descansara. Yo estaba tan
triste que lloré mucho. Lo iba a extrañar, no quería
que se fuera. Aria estaba muy triste también.

Then, the day came when my abuelo was really on his way; he was not talking anymore. I ran to my room and took a red crayon and a piece of paper, and I drew a big red heart.
I went to his room, and I put it in his hand; I told him to make sure he showed it to Jesus when he got to heaven. I said goodbye as mom told me.
I would check on him every few minutes,
but he was still there on the bed sleeping.

Llegó el día en que abuelo ya se iba, él ya no hablaba. Corrí a mi dormitorio, busqué un papel blanco y una crayola color rojo. Dibujé un corazón grande, lo llevé al dormitorio de mi abuelo, se lo puse en el pecho y le dije que se lo entregara a Jesús al llegar al Cielo. Lo dejé con él y le dije adiós, como me dijo mi mamá. Pero abuelo seguía en la cama y parecía dormido.

I would keep asking my mother and my Tita if he had gone to heaven. No, not yet, but he will be going soon, they would say.

After some time, my Mom asked me to go to my room and play with Aria for a while.

From my room, I began to hear a lot of voices. The doorbell kept ringing, and people kept coming in. I decided to take a look. I saw aunts, uncles, cousins and many friends coming to see Abuelo. I looked, and I saw Mima and Tita crying and people talking quietly.

So, I came to the family room and asked again. Did abuelo fly away to heaven yet? This time, my Mom said, "Yes, he just left." I asked, "Can I see if he is gone?" Mom said to wait a few minutes, and she would let me in, but he was gone.

Cada vez que me acordaba, le preguntaba a mi mamá
y a mi Tita si abuelo se había ido al cielo. Ella me decía,
"No, todavía no. Pero en cualquier momento se irá."

Mi mamá me envío a mi dormitorio a jugar con Aria.
Desde la habitación escuché muchas voces susurrando
y vi a muchos entrando a la habitación de mi abuelo.
Escuché a mi Tita llorar, y todos susurraban.

Después de unos minutos me acerqué a la sala
y pregunté de nuevo si abuelo se había ido al Cielo.
Esta vez mi mamá me dijo que sí, que se acababa de ir.

Yo pregunté, "¿Puedo ver yo misma si se fue?"
Mamá dijo, "Espera unos minutos y te dejo entrar
a la habitación."

After a few minutes, Mom said, "You can go in, but he is gone."

I really wanted to make sure he was really on his way to heaven, so I ran to his bedroom and he was not there. I ran to tell my best friend Aria that abuelo was gone. She also wanted to see if he flew away. We ran back together to his room, and Aria said, "WOW! Abuelo is gone, he is in heaven today."

Después de unos minutos, mi mamá me dejó entrar a la habitación.

Quería ver si en realidad había desaparecido, y estaba de camino al Cielo. Entré a la habitación y o estaba. Corrí a buscar a Aria y le dije que abuelo había desaparecido. Aria quería ver si era cierto.

Corrimos juntas a la habitación, y Aria dijo, "¡WOW! Abuelo está en el Cielo hoy."

I ran out to the living room and told everyone who was crying, one by one, not to be sad. Abuelo is in heaven today, and we will see him again.
All we have to do is ask Jesus to come into our hearts, and when we get to heaven, we will be with him again.

Yes, my great-grandfather is in heaven today, and we will see him again.

Corrí a la sala y le dije a todos los que lloraban, uno a uno, "No estén tristes, porque él está en el Cielo y lo volveremos a ver. Solo tienes que pedirle a Jesús que entre a tu corazón, y cuando llegues a el cielo estaremos todos con el.

Sí, mi bisabuelo está en el Cielo y lo veremos otra vez.

When I get sad and I miss my abuelo,
I use my imagination, and I see him flying
in the clouds on his way to heaven,
just like birds flying in the sky.
You can do it too. Yes, use your imagination.

*Cuando me pongo triste y quiero ver a mi
abuelo, uso mi imaginación y lo puedo ver
volando en las nubes hacia el Cielo,
como un ave que vuela en las alturas.
Tu lo puedes hacer también, usa tu imaginación.*

El Fin

The End

www.ingramcontent.com/pod-product-compliance
Lightning Source LLC
Chambersburg PA
CBHW041633110726
48005CB00002B/587